시인 장용철

장용철 시집

강화江華 아리랑

시학
Poetics

■ 시인의 말

  몇 번의 탈피脫皮 끝에 다시 '시인'의 모습으로 돌아온다. 두 번째 시집 이후, 20여 년이 훌쩍 지났다. 그 사이 전공과 관련된 북한학 논저와 「작대기」 등 명상 에세이집을 출간하기도 했으나, 늘 허전했던 것은 내 인생의 주 전공이라 할 수 있는 시를 쓰지 못했기 때문이다. 시는 쓰는 것이 아니라 쓰여져야 하는 것인데, 부전공인 '북한학' 에너지가 워낙 강했다. 그러나 어떤 행운인지 '귀양'처럼 떠밀려 온 '강호-살이'가 다시는 싹 틔울 것 같지 않다고 수군대던 내 시심의 촉수를 돋궜다. 장화리 언덕에서 석모도와 주문도에 턱을 괴고 스러지는 낙조를 바라보며 이제 이번 생도 '북' 쪽이 아닌 '서' 쪽을 향할 때가 된 것 같다고 느껴진다. 이왕이면 정서진正西津을 향해야겠다. 노을에 취해 '강화 아리랑'을 웅얼거려야겠다.

2019년 10월
장용철

차 례

■ 시인의 말

제1부 묵고默稿

묵고默稿 13
바위 14
고려몽夢 15
죽은 나무에 올라가 16
위리안치圍籬安置 18
삼蔘꽃 피는 아침 19
메꽃 피는 저녁 20
용담화龍膽花 21
독 오른 고추 22
묵뫼 24
어떤 조문弔問 25
고무장갑 26

제2부 담대한 중년

자전거 타기　31
정서진正西津　32
지렁이는 땅 속이 갑갑하지 않다　33
담대한 중년　34
노인론論　36
가짜와 진짜　38
꼭지를 위한 변명　39
개밥그릇　40
까마귀 오줌통　41
새우　42
밴댕이 회　43
풍천장어　44
망둥어·1　45
망둥어·2　46
망둥어·3　47
무서운 부부　48
늙은 베짱이　49
알루미늄 지게　50

제3부 강화江華 아리랑

강화도	55
강화 여자들	56
고라니 연가	58
광성보 소나무들	60
교동 평야	62
들깨밭 풍경	64
삼별초 별곡	66
무너진 집들	68
바다 건축사	70
진강산 안개	72
강화江華 아리랑	74
개 팔자八字	80

제4부 뱁새떼들 온다

청계靑鷄, 노을을 품다	83
칼 가는 날	84
딱새 부부가 사람의 집에 둥지를 튼 까닭은	86
탁란托卵	87
반려견 집사	90
뱁새 떼들 온다	92
아내의 남편	94
풀 뜯는 개	96
호박 농부	98
봄비는 저녁	99
홀알을 품는 닭	100
밑	102
작은 평화	103
자벌레	104

■ 작품 해설 | 최준　105

제1부
묵고默稿

묵고默稿

처마 끝에
묵은 제비집 한 채
거미줄에 걸려
춤추는 달빛

빈 것으로 꽉 찬 저 허공 어디쯤에
마른 붓을 들어
차돌 같은
점點 하나 찍을 것인가

바위

나는 내가 무겁다
내가 태어난 자리가 무겁고
비스듬 기운 어깨가 무겁고
언젠가 내가 묻혀야 할
나의 몸
나는 내가 무겁다

고려 몽夢

초가집 퇴창에
등허리 활 휜 노파 하나 앉아 화투 점을 치고 있다
첫 장을 뒤집으니 송악산松岳山 만월대滿月臺를
붉은 달이 채우고 학 한 마리 고개 돌려
청산을 돌아보고 있다
또 한 장을 뒤집으니 이월 메조에 두견 새 훌쩍 날아올라
조강祖江 어귀 녹슨 철조망에 둥지를 틀고 앉는다
아이들아 어서 가자 긴 장대 들러 메고
팔월 공산에 달 따러 가자
홍싸리꽃 핀 마당 끝 구월 황국黃菊도 피고지고
마니산 단풍잎도 곱게 벌레 먹고
추적추적 비도 오고
검둥개야 너도 가자 냇가로 가자

죽은 나무에 올라가

죽은 나무에 올라가
하늘을 본다

사슴의 뿔처럼
허공을 찌르는 가지들 남아
절벽을 향해 돌진할 듯
잔뜩 어깨를 낮춘 나무

죽은 나무에 새들도 와서 무등을 타고
담쟁이 새순들 칭얼대며 기어오른다
죽은 나무는 깃털 뽑힌 죽지를 크게 한번 퍼득인다
허옇게 껍질 벗긴 무릎 사이로
비릿한 바람이 지나간다
발밑이 자꾸 들썩이는 건
절벽 아래 아직
조금씩 실눈 뜨는 잔뿌리들이 있기 때문

죽은 나무에 올라가 하늘을 본다
세상에서 가장 깊은
강물이 흐른다

위리안치圍籬安置
― 연산에게

탱자나무 울타리 안에 한 사내가 앉아 있다
사직을 버리고 백성들을 범한 죄
용상에 올랐으나 승천하기를 거부한 자
어미 없는 새끼가 어디 있더냐
지아비인 임금에게 악다구니 한번 썼다고
꽃 같은 여인에게 천남성 닳인 물 먹인 못된 책벌레들
그리하여 시업詩業도 팽개쳤고, 흥청망청
욕망을 논한 죄
능소화 핀 대문에서 쫓겨 나와
탱자나무 울타리 안에 한 사내가 갇혀 있다
방은 냉골이고 밤은 흑암지옥인
천 길 나락에서 빠져나올 길은
오직 한 마리 직박구리로 몸 바꾸는
그 길뿐이구나

삼蔘 꽃 피는 아침

이른 봄
뒤꼍 숲 그늘에 남몰래
아내도 몰래
심어 놓은 산양삼들이 자라
꽃을 피웠다

오직
실 같은 대궁 하나에
바느질해 붙인 붉은 팥알처럼
꽃들이 매달렸다
다행이다
불씨가 너무 작아 큰 불은
안 나겠다

메꽃 피는 저녁

바다를 향해 달려오다가
늙은 산의 무릎에
주저앉은 바위
가는 메꽃 줄기 하나가 다가가
얼기설기 뜨게질을 한다
바위를 묶어 다시 산으로 끌고 가려는 듯
꽃으로 매듭을 묶는 덩굴손
살다 보면 몸보다 눈물이 무거울 때가 있다
들춰보면 상처보다 흔적이 더 아플 때가 있다
바위의 겨드랑이에 손을 넣어
별의 온기를 전해 주는
메꽃

용담화龍膽花

오뉴월 잡초밭에 누군가 들어
쓸개를 씹는다
씹을수록 쓰고 질긴 쓸개를
꽃이 되도록 씹는다
본래 하늘에서 태어난 것이라
지상에서 터 잡는 것은 낯설다
아직 흙 묻은 여의주를 입에 물지 못해
자갈이며 잡초며 몸을 섞는 세월
천둥 치고 바람 불면
마른 비늘 적시고 다시 불 토할지 몰라
어금니에 핏물 들도록
오뉴월 잡초밭에 들어
쓸개를 꺼내 놓고 씹고 또 씹는다
씹을수록 쓰고 질긴 쓸개를
파랗게 꽃이 되도록 씹는다

독 오른 고추

당신 앉은키만큼 자란 고춧대에
아기 덧니 같은 흰 꽃들 피자
새끼손가락 같은 자식들이 매달립니다

뙤약볕 들고, 청개구리 울면
이내 그 속이 단단해지는
풋것들

파랗게 독 오른 고추들은
더 이상 풋것이 아닙니다
더 이상 비린내가 싫어
살 속 가득 차돌 같은
오기가 달그락거리는 것들

어머니! 오래된 당신의 영토에서 저녁상을 차리려면
어서 이 땅의 것들은 매워져야 합니다
박달나무 말뚝도 썩어

알루미늄 지줏대를 세우고
새끼줄도 썩어 비닐끈으로 허리춤 묶고
당신의 참견이 밭고랑마다 거름 되게 하려면
풋것들 어서 검푸른 독 빨갛게 익어 올망졸망
당신의 근심을 걸머져야 합니다

묵뫼

밤마다 솔부엉이 날아와
곡哭을 하다가 가는
솔숲

흙덩이 가득 채운
고봉밥 그릇 하나

전생의 막내였을까 날다람쥐 하나 다가와
가랑잎 제단을 펼쳐놓고
도토리 깍지 잔 올려
한참씩 두 손을 모으다 간다

어떤 조문弔問

가신 이가 들을지도 몰라
나직한 목소리로 흑백의 상주에게 여쭙니다
어떻게 하다 여기까지 오셨는지
어디로 간다 하셨는지
어두운 길일 것 같아 향 한 개비 더 꽂고
어지러운 길일지 몰라 국화 향기로
머리도 맑게 해 드리고
먼 길일지도 몰라 노잣돈도 챙겨 드리고
이대로 이산가족이 될지 몰라 기약 없는 상봉 때까지
현고학생부군신위顯考學生府君神位!
당신의 정자체 주소 잊지 않으려고
오동나무 편액에 패牌로 담아 간직하려 합니다

고무장갑
— 사모곡思母曲

　열여섯에 홍천강 건너서 강촌으로 시집 와 돌배나무 아래 새 조롱 같은 둥지를 틀고, 열여덟에 은진미륵 닮은 첫 딸을 낳은 무인년 경신생 밀양 박씨. 스무 살에 왼쪽 가슴 유방암 걸려 무너지고 젖꼭지 함몰된 채 맏아들을 낳고 이후 새알 같은 4형제를 쭉 생산해 올망졸망 길렀지. 봄이면 산에서는 잔대싹, 개울에서는 가재를 잡아 보약같이 먹이고, 마흔 아홉수를 못 넘기고 그새 유월 장마 속으로 떠난 지아비. 꿈결처럼 물거품 속으로 사라진 뒤로도 여섯 자식 밥상 기울어지지 않도록 석면 냄새, 담배 냄새, 비닐하우스 속 더운 바람, 철원평야 미세 먼지 많이도 마셨지. 고무장갑 수없이 뚫리고, 실장갑도 나날이 올 풀렸지. 눈 뜨면 새벽마다 옴마니반메훔 업장소멸 기도 징하게도 올렸지. 절량미 삼백 석에 개판 돈, 주운 돈까지 덤으로 드렸지만, 끝내 폐암 걸려 폐렴으로 쿨럭일 때, 먼저 간 당신 도솔천도 살만한지 그만 오라하여, 폴더 폰 뚜껑 덮고 반야심경 병풍 뒤에 숨었지. 을미년 무인월 기묘일 임진시, 졸卒.

   설거지를 끝낸 여자가
   식탁 끝에 벗어놓은
   분홍빛
   고무장갑 한 켤레

   그중에 안으로 말려 빠지지 않은
   손가락 하나

   함몰된
   그녀의 젖꼭지 같다

제2부
담대한 중년

자전거 타기

페달을 밟지 않으면 넘어지는
인생은
자전거 타기다

짐을 덜어야 할 나이에도
바퀴가 뭉개지도록
또 다른 짐을 싣고
신발이 벗겨지도록
페달을 밟는다

가자
저 길모퉁이 해안선 돌아
붉던 해도 턱 괴고 쉬는
차안此岸까지는

정서진正西津

태초부터
눈 밝은 이들이 있어
해 뜨는 동쪽이 정해져 있었고
지치지 않고 기도하는 이들이 있어
해 지는 곳도 정해져 있었다
해와 달의 궤도를 따라
세상의 모든 것들은 오직 한 방향을 향해서 왔다

서편 하늘을 향한 경배!

지렁이는 땅속이 갑갑하지 않다

올빼미는 밤이 낮이고

개구리는 연못이 운동장이고

구더기는 똥이 천국이고

지렁이는 땅속이 갑갑하지 않다

담대한 중년

숯검댕이로 쓴 화전민 족보를 지우려고
늙은 산이 된 아버지의 등을 내려와
시 쓰고 경도 읽으며 풍찬노숙으로 하류까지 왔네
몇 번인가 산 넘고 강 건너
강과 바다 밀고 당기는 섬까지 왔네
강화살이 제대로 한번 해볼까
한껏 허세를 부려보네
돌담부터 뜯어고치는 건 새도, 바람도 경계를 넘나
들라는 것
봄 향기 만삭인 산당화를 심는 건 집 안 가득 채송화
봉숭아의 출산을 고대하는 것
금계부부 한 쌍을 들여 마당 한 켠을 내 준 것은
군왕은 못될지라도 동네 이장은 한번 꿈꿔보자는 것
대형견 그레이트 피레니즈를 양자로 삼은 것은
외국어 족보를 들고 온 맏사위 기氣 살려 주자는 것
아니라
젊은 날 수시로 달려들던 진도견과 믹스견들

쳐다보기만 해도 슬며시 꼬리 내리게 하려는 것
　산당화가 피는 집에 금계, 은계로 털갈이하는 생과부 아내
　날마다 혼자 횃대에 오르게 하는 건
　금실이 안 좋아서가 아니라 이제라도 황금알을 낳기 위해
　잔뜩 밤의 평화를 품게 하자는 것
　우후죽순 담 밑을 파고드는 시누대
　더러는 화살 꺾어 하늘로 날리고, 더러는 뿌리 거둔 그 자리
　옹기종기 장독대 키를 맞추는 건
　묵은 장맛처럼 웅심 깊은 뚝배기로 살자는 것
　썰물 밀물 드나들어도 노을 붉은 강화살이
　마당가 산벚꽃나무도 파안대소하며 참성단 봄소식 전해주네

노인론論

사람은 언제 노인老人이 되는가
왕성하게 뽕잎을 갉던 누에가 자야 할 잠 다 자고
스스로 섶에 올라 하얀 집을 짓고 몸을 오그리듯
평생 자야 할 잠을 다 잔 사람들이
손수 흰 침대에 올라가 살아온 날들을 실타래로 뽑는다
한 폭 비단이 될지언정, 광목으로 가렸던 몸들
더 이상 탈피를 못하고, 천근같은 밥숟갈 대신
콧속에 관을 뚫어 반죽이 된 뽕잎을 삼키고
파도소리, 새소리에도 저절로 문이 닫히는
강화도 마니산 기슭 마리힐요양원
사람은 왜 노인NO人이 되는가
평생을 논둑길, 밭둑길로 오르내린 사람들이
신발을 벗어 든 채 들것 채반에 누워 욕실을 나온다
부서질 듯 껍질뿐인 몸에서도 향긋한 비누 냄새가 난다
더 이상 어를 줄도 몰라 기저귀를 차고, 곧바로

섶으로 올라가 흰구름 같은 고치 집을 짓는 사람들
마리힐요양원 누에고치에서는
언제 나비들이 천사가 되어 나오는가

가짜와 진짜

잔디밭에 바랭이 풀들
해바라기밭에 돼지감자들
채송화밭에 쇠비름 풀들
벼포기 사이사이 비집고 드는 피들
혹은 왕골들
보리밭에 깜부기들 혹은 밀 이삭들

아무리 떼어내도
한 뿌리로 엉켜있는 진짜와 가짜
가짜와 진짜는 반드시 떨어트려야 할 상극이 아니라
본래부터 한 구덩이에 살아야 할
살붙이들이다

진짜는 가짜와의 동거가 불편하지 않다
다만 이들 사이에 끼어든 누군가가 불편할 뿐

꼭지를 위한 변명

속이 달달한 참외도
꼭지는 쓰다
소름 꽃 싱싱한 백다다기오이도
그 꼭지는 쓰다

꼭지들 함부로 떼지 마라
꼭지는 처음 그 탯줄이었거나
분홍빛
목젖이었다

속이 꽉 찬 몸통을 위하여
아직도 캄캄한
심지가 되어 박혀 있는 꼭지

개밥그릇

사타구니를 핥는 개의
밥그릇이 찌그려져 있는 것은
밥을 다 먹은 개가 밥이 더 남은 건 없는지
밥그릇이 어디 새는 데는 없는지 뒤집어 보고,
굴려보고, 걷어차 보았기 때문이다
긴 혓바닥으로 하얗게 씻어낸 개의 밥그릇에
하얀 나비 한 마리 날아와
까닥까닥 졸고 있다

까마귀 오줌통

쥐방울덩굴에 모여서
삼시세끼 까옥거리던
까마귀 떼들이 무서리 내리자
마을 어귀 전봇대로 가오가오 이사를 간 뒤
꼬리명주나비들 공연도 끝나고
또 다른 종목은 없는지
검정실 줄기 뽑아 계절을 마감질하는
쥐방울덩굴마다
찰방찰방 바람이 든
까마귀 오줌통들이 넘친다

새우

생의 크기는
몸집의 크기가 아니라
생각의 크기라고
망망대해도 좁다고
허리 꼬부렸다가 펴며
오체투지로 피안을 향해 나아가는
장엄한 수좌首座들의 행렬

밴댕이 회

통째로 회를 쳐도
젓가락질 한 점도 안 되는 몸
소갈딱지 없어
곁을 두는 친구도 없었다
그렇다고 산소 방울 보글거리는 수조水槽까지 들어
잔명殘命을 사정하긴 싫다
차라리 냉동실 빙하기로 돌아가
뼛속까지 바다를 품고 죽겠다

풍천장어

　민물과 바닷물 몸을 섞는 풍천뻘에서 살아
　몸집이 뻘처럼 찰지다는 이유만으로
　닻줄 당기듯 뭍으로 끌려 나온 뒤
　난생 처음 찔려 보는 못은 너무 무섭다
　송곳 날 창끝에 턱을 꿰어 일직선으로 누울 때
　평생 'S'자로만 살아온 허리, 처음 'ㅡ'자로 펴 보
았다
　무수히 칼날을 받아 빨래판이 된 도마
　접신接神한 듯 작두칼들 신명이 오른 춤 솜씨
　쓸개마저 발려져 소줏잔에 던져지고
　지느러미 없는 몸통 토막쳐 숯불에 오르는 순간
　하늘 아래 아귀 입 벌린 평등한 식탁은 없었다
　선운사 곰소만에서 만났던 수월관음水月觀音이여!
　화탕지옥에서 만나는 독배에 취한 중생들
　천수천안 젓가락질들은 당신께 전수 받은 것들인가
　지은 죄 있다면 몸뚱이가 긴만큼 주검의 사슬도 길
다는 것
　마지막 바윗돌 같은 뜨거운 목젖을 지날 때
　미끄덩 솟구쳐서 그 긴 구멍을 빠져나가고 싶었다

망둥어 · 1

본래 지느러미가 있는 것들은
바다가 집이었으나
밖이 궁금하여 밀물을 따라 들락거리다보니
어느 날 바다의 문이 슬쩍 닫힌 것이다
그렇게 혼자되어 큰 눈망울 굴리다 보니
세상은 온통 캄캄한 먹장구름뿐이었다
진펄이면 또 어떠랴
어차피 한세상 뒹글고 가면 되는 것을
본래 아가미가 있는 것들은
바람으로 부레를 불어도 되지만
비늘 없는 것들은 온몸이 빨판이라
바윗돌이나 수초더미에 찰싹 붙으면 된다
헤엄칠 곳이 어디 바다뿐이랴
끈적이고, 미끈대는 수렁에서
튀어 오르거나, 뛰어 오르기도 하면서
등도 펴고 낙법도 배우며 살아온 대로 살면 되는 것을

망둥어 · 2

숭어가 뛰면 같이 뛰어야 한다
꼴뚜기가 뛰어도 같이 뛰어야 한다
언젠가 세상이 또 한 번 뒤집히려 한다면
그것은 온전히 그분의 뜻
그분의 비위를 맞추는 것도 그분의 뜻
숭어가 뛰면 숭어를 따라 뛰어야 한다
꼴뚜기가 뛰면 꼴뚜기를 따라 뛰어야 한다
돌아갈 곳 없는 것들은
어디든 머리를 처박는 곳이 나의 집
세상의 아무것도 못 본 척
숭어를 따라 뛰어야 한다
꼴뚜기를 따라 뛰어야 한다

망둥어 · 3

삶은 늘 시작이다
다시 반죽하면 된다
처음도 중간도 끝도 시작이다
숨 쉬는 심장이 머무는 곳이
무조건 세상의 중심이다
어디에서 눈 뜨던, 어디에서 잠들던
달이 뜨면 달빛 건져 먹고
망가진 만큼 다시 반죽하면 된다

무서운 부부

작은 숫 두꺼비 한 마리가
너럭바위만한 암두꺼비 등에 올라타고 있다
독이 잔뜩 오른 숫 두꺼비가
앙증맞은 팔로 암두꺼비를
으스러지게 껴안는다
그렇게 몇 바퀴를 굴러도 떨어지지 않는 사랑

늙은 베짱이

제철 만난 듯 한여름 들판에서
노래하고 춤췄던 연미복 악사
불현듯 무대에 뛰어든 사마귀 칼춤에
줄이 끊어져 진땀을 흘렸지만
소슬바람 불고 해바라기 씨 영글어
박수 소리 앞치마에 소복했지
창공 가득 서릿발 무지개가 뜨자
나뭇잎 음계마다 단풍 들고
이제 삼베옷 한 벌 갈아입고
명아주 나무 지팡이 두드리며
무연히 신들메를 고쳐매고 있지

알루미늄 지게

알루미늄 지게 하나를 샀다
새끼줄 멜빵에 늘씬한 작대기 없어도
등에 착 달라붙는
알루미늄 지게

추억놀이 삼아 병아리 사료, 개 사료, 김장통 등에 지고
마니산 골짜기 한번 올라가 볼까
고라니 부자가 오가며
강중강중 다진 길

초등학교 졸업할 지음 아버지가 맏아들에게 상속한 유품은 'ㅅ'자 소나무 줄기를 잘라 만든 지게였다. 발목이 끌리는 지게를 지고 칡꽃 향기 출렁이는 꼴단과 자꾸 굴러 내리는 고구마 가마니를 지고 소년은 북한강 줄기를 버들붕어처럼 헤엄쳐 내려왔다. 마침내 소년이 당도한 곳은 들쥐며 철새 떼들 무리지어

오가는 도시의 하구, 사자발 약쑥 우거진 묵정밭. 그래 여기 화전을 일구어 강아지들 입에 아이스크림도 넣어 주며 꾸정꾸정 넘어가야 할 육십 고개

  솔표 상표가 붙은
  알루미늄 지게 하나를 샀다.
  짐을 덜어야 할 시기에 자꾸 짐을 더하는 비만의 중년
  매끈한 물푸레나무 작대기 없어도
  등에 착 달라붙는 알루미늄 지게

제3부
강화江華 아리랑

강화도

반도의 옆구리
모로 누운
댓돌

으슥한 밤
조선의 안방에 들려는 자
댓돌 위 흰 고무신 한 켤레

문지방 낮아도
함부로 이 댓돌 올라서지 못하리라

강화 여자들

어서 오시겨!
어서 오라는 건지, 왜 왔느냐는 건지
말 반죽이 된 건지, 물은 건지
강화 여자들 풍물시장에 앉아 반 음절로 흥정을 한다
창난젓, 멍게젓, 어리굴젓, 까나리젓, 강달이젓, 돌치젓…
오젓인지, 육젓인지
짜다는 건지, 시다는 건지
강화 여자들 큰 통 적은 통 공깃돌처럼 주고받으며
사라는 건지, 말라는 건지
꽃게 팔 같은 손들 내밀어 또 지나가는 손님을 당긴다
오셨시까! 그랬씨까!
반갑다는 건지, 미안하다는 건지
순무를 이고 나온 순무 같은 얼굴들
애호박을 안고 나온 애호박 같은 허리들
소창 수건 또아리 틀어 들고 지고 온 강아지들
암캉아지인지 수캉아지인지, 순종인지 잡종인지

알았시다! 됐시다!
고맙다는 것인지, 됐다는 것인지
아스팔트 노전에 앉아 알송달송 자본주의의 실뿌리를 캐는
속노랑 고구마들
쑥 냄새 달달하여 군침을 삼키며 달려드는
바늘 긴 일본 뇌염 모기들

고라니 연가

고려산만 허락한다면
고라니와 연애하고 싶다
서해로 달리는 산줄기마다 연분홍 진달래 필 무렵
나는 혈구산을 건너오고, 그는 고비고개를 넘어와
나란히 발맞춰 진달래 능선을 걷고 싶다
구름 속에 얼굴을 내민 그에게서는 구름의 향기가 난다
솔숲에서 자고 온 날은 솔향기, 떡갈나무 그늘에서 자고 온 날은
떡갈나무 향기,
취나물로 아침을 먹고 온 날은 그의 입에서 곰취 향기가 난다
언제나 숯 빛을 머금은 검은 눈
그와 함께 너럭바위에 앉아 헐떡이지 않고
숨겨 온 막걸리 한잔 봄볕에 취해 마시고
그가 나뭇잎 닮은 귀 쫑긋 세워
휘파람새 소리를 듣는 순간

취한 척 몰래 손 내밀어 긴 목덜미를 쓰다듬고 싶다
돌복숭아처럼 단단한 그의 엉덩이를 만지고 싶다
그의 집은 어디일까, 형제들은 몇이고
겨울에서 봄 사이, 서설瑞雪이 내리던 그 밤
마을까지 왔다가 진돗개에 쫓겨 황급히 돌아간
그의 어미는 아직도 몸져 누웠을까
양지녘에 할미꽃 졸고, 종다리 한없이 엉덩이를 들썩일 때
나들길 아지랑이 속으로 아슴아슴 배웅하는
뒷모습 보이기 싫어 마구 뛰어가는

광성보 소나무들

발밑이 허전한 자
문득 염하鹽河 건너 손돌목 광성보에 가보아라
석축을 기어오르는 칡넝쿨 갑옷처럼 입고 서서
찰방찰방 밀물에 귀 기울이는 울울한 소나무 숲
신미년 몸통 굵은 강선포에 맞아 으서지고 갈라진 뼈들
피 묻은 살점 딱지 붙어 옹이마다 진물이 흐르고
티눈처럼 차돌 박힌 땅 모로 딛어도 불편하다
이 땅은 함부로 서 있기조차 힘들어
아예 철근 뿌리 지상에 내놓고
가렵고 습기찬 발바닥 속절없이 보여준다
직박구리 시끄럽다고 너무 멀리 쫓지 마라
생가지 분질러 관솔을 만들고
선잠 깬 묵뫼지기 백일홍 비명소리에
홧병火病 도진 소나무들
꺾인 깃대를 떠나 구름이 되어 흘러 간 수자기帥字旗
너울너울 춤추며 날아와 다시 어깨에 앉을 때까지

다시는 뒷걸음질 치지 마라
으스스 온몸에 가시를 세우는 비탈길 고슴도치들
이 땅에 백성百姓들이 살아 있다는 것은
백 가지의 성姓을 가진 생명들이 살아갈 이유가 있다는 것
발밑이 허전한 자
일구월심 솔방울 툭툭 던져
천지 사방에 솔씨를 흩치는 광성보에 가 보아라

교동 평야

찰지고 윤기 흐르는 강화섬 쌀은
대부분 강화 섬의 섬인 교동 벌에서 나온다
임진, 예성, 한강 세 갈래 물길 조강祖江으로 하나 되고
다시 서해 푸른 물살과 삼수 물살이 합수되는 곳
겨울이면 이 길 저 길로 온 유빙流氷들 서로 만나
부딪히며 깨지다가 입춘 지나면 스르르 녹고
대양을 거쳐 온 물살 칸칸이 턱이 높아
질펀한 갯벌에 누여 소금기도 걸러내고
이 물 저 물 물 길을 끌어
찰방찰방 넘치는 물거울에 하늘을 비추는 논들
오뉴월 햇살도 한 줌 섞어 찰지게 반죽한 개흙에서
가로세로 줄 맞춰 씩씩하게 길러 낸 벼포기들은
뉘 집 솥단지에 들어가도 찰지게 기름이 흐른다
대룡시장 꿀꽈배기도 황해도집 찹쌀순대도
그 반죽은 교동 쌀, 그 솜씨는 연백댁 솜씨
세월의 수심水深 자꾸 깊어져
아침마다 공복의 앙금 두께를 더하지만

오슬오슬 춤추는 나락, 대풍을 뜸 들이는 허수아비들
뜸부기 집 저문 부뚜막에서도 찰지고 윤기 흐르는
고시히까리 쌀은
대부분 강화 섬의 섬인 교동 벌에서 나온다

들깨밭 풍경

아직 무슨 깨 쏟아질 일이 있는지
혼자 된 칠순의 노파 하나 일 년 내 들깨밭에 드나든다
먼저 간 남편과 시어머니의 봉분이 쌍분으로
한 참 때 젖가슴처럼 나란히 솟은 들깨밭
언제나 몸빼바지에 작은 북만한 방석을 달고
아무리 봄 가뭄 심해도 노파는 새벽부터 도깨비처럼 나타나
모판을 다듬고 깻대를 세운다. 그러면 어김없이 먹장구름 끼고
단비가 내린다. 동네 개들 짖어대도 대꾸가 없어
치매가 맞는 것 같다고 수근대는 장화리 언덕
마른 자갈 같은 푸석한 얼굴로
잡초를 어르고 흙 이불을 덮어주면
여기저기 비실거리던 깻대들 이내 허리를 세우고
싸락눈 같은 꽃들을 겨드랑마다 매단다
눈부시도록 들깨 꽃 환히 불 밝힌 여름밤

밤새도록 솥타령을 하던 소쩍새도 새벽이 되면 떠나고

방아개비 쿵덕쿵덕 가으내 떡방아를 쪄도

꺾인 무릎 제대로 펴지 못하는 들깨밭 네 발 짐승

끝내 무슨 깨 쏟아질 일 있는지

몽둥이를 높이든 노파가 붉은 노을 아래 자식들 야단치듯

깻대를 모아 종아리를 때린다. 내 놓아라 내 놓아라

일자무식 글 몰라도, 두더지처럼 땅 파먹고 살았어도

받은 만큼 주는 것, 일한만큼 먹는 것.

덜 익은 욕심들도 탁 탁 털어내고 빈 몸으로 가자

더운 피 갈바람에 삭히고 마른 꽃으로 날자

자식들 재우듯 빈 깻대를 밭두렁에 눕히고 훠이훠이 산길을 내려가는

낮달도 함께 아슴아슴 따라가는 장화리 오후

삼별초 별곡

— 망양望洋돈대에 가서

고려 건국 일천일백 주년 무술년 병진일
무엇으로든 심장에 보습이 필요한 날
공회전하던 마음을 몰아 외포리 선착장 뒤
망양돈대에 오른다
목줄을 풀고 먼저 달려 왔는가
방죽에 서성이던 돌 진돗개가 바다를 향해 컹컹 짖는다
정포井浦마을 상산당上山堂 굿판은 아직도 한창인가
소복의 무녀 하나 물속에 혼 대를 놓고 용궁 치성을 드린다
세월의 중량을 못 이겨 몸을 뒤 튼 소나무들
다시 또 잡아주어야 할 무슨 손들이 있는지
절벽을 기어오르는 파도를 향해 긴 팔을 내밀고 있다
누가 바람소리 먹먹한 이 망양절벽에
갈매기 떼 탄성을 지르는 난공불락 둥지를 틀었는가
삭정이도 풀잎도 아닌, 돌모루 돌들을 실어와
짝 맞추고, 배 맞춰 보금자리를 틀었는가

아, 날아라 새여 자고 닐어 날아라 새여
붕정만리鵬程萬里, 구만리 장천
큰 칼 빼 노를 저어 만경창파 날아간 새들
솔방울 묵주를 묶어 어느 녹슨 포신에 걸어줄까
열두바퀴 성루를 먼저 돌고 와 피를 식히는 엉겅퀴들
악착같이 환생이 필요해 몸을 바꿔 또 만났는가
아직도 화약뭉치 심장은 돌심지를 박고 싶은데
어디를 향하여 방아쇠를 당길지 몰라 눈건 과녁을 찾는다
과녁이 마땅치 않아
황청포구로 미끄러지는 석양을 정조준한다

무너진 집들

길가에
묵은 집들이 늘어간다
굽은 등허리는 굽은 길이 좋았으나
갈 '之'자로 꺾인 길은 갈짓자 걸음이 좋았으나
활을 휜 길들이 시위를 당기면서, 시위를 떠난 전봇대들이
화살이 되어 마당에 꽂히면서
집들은 지붕이 풀썩 주저앉았다
파리 떼 밥알처럼 붙었던 개밥그릇은
해바라기 씨앗의 봉분이 되어 담 밑으로 굴러갔다

주인 없는 집들이 길가에서 물러서지 않는다.
투덜대던 경운기가 길을 내려온 뒤에도
누군가의 턱 밑에 바짝 얼굴을 디밀듯
집은 길가에 바짝 붙어 있다
지붕을 뚫고 나온 서까래들 뼈처럼 튕겨졌어도
집은 바퀴벌레처럼 몰려오는 바퀴들 거친 숨소리를

들으며
 길과 길 시위가 더 조여져 산 하나가 튕겨져 나가도
 집은 다시 덜컹 시동이 걸리지 않는 경운기를 붙잡고
 적재함에 누운 고무장화 한 짝을 지키고 있다

 뒷곁 밤나무에서 대물림해 온 까치 부부가 올봄
 전봇대로 정식 거주지를 옮겼어도, 여전히 제 자리에 남아
 거주불명의 고지서를 수령하는 우편함
 신장개업한 까치둥지에 가로등 불빛이 들어오고
 바람이 문패를 떼간 대문으로는 소리 없이 들락거리는
 낮과 밤

바다 건축사

물로 지은 집이 있다
물로 기반을 다지고, 물로 기둥을 세워
물로 창을 내고 물로 지붕을 덮은
물의 집
물로 길을 내어, 물로 저녁을 짓고
물로 불을 때고, 물로 편지를 쓰는
물의 마을에 가면 그는 아직도 미완의 작품에 열중
한다
물고기 몸에 다닥다닥 타일을 붙이거나
돔 형태의 전복 방에는 무지개 색깔 벽지를 바르고
인적 드문 바위섬에는 삿갓텐트를 치는 따개비들
검은 장막을 친 밀실에 금고를 들여
자물쇠를 건 진주조개
날마다 멀리 일터로 나가는 큰 일꾼들에게는
안성맞춤인 노를 지느러미로 달아주고
쓰다 남은 먹물로 고심역작을 남기려는 듯
바위틈에서 머리를 밀고 면벽 중인 문어공公을 찾

아가
　별주부전 성화를 부탁하기도 한다
　물의 마을을 지나가다 보면
　출렁이는 담장 밖으로도 경계가 계속 늘어
　백사장까지 물의 집을 지으려는 듯
　물길 공사가 한창이다

진강산 안개

안개는 외포리에서 온다
진강산은 외포리 진펄에서 망둥어들이 신명나게 뛰어오르고
새우잡이 그물마다 안개가 가득 끌려오면
외포리 포구에 가서 한 바구니씩 안개를 담아 온다
인산리 수로에서 개구리 소리 호륵대면
진강산은 산비탈에 핀 꽃다지들 화장을 지우려고
외포리 선착장으로 가서 양동이로 안개를 퍼 온다
진강산은 또 양도면 포도밭에서도 두엄 냄새가 나면
외포리 포구로 수레를 끌고 가 안개를 가득 실어와 웃거름으로 준다
진강산은 도장리 개 사육장 개들이 잠 안 올 때,
불현듯 외포리로 달려가 안개에 목줄을 걸어오기도 하고
능내리 축사 동네 먼 나라에서 시집온 새댁들
닭장 문 열려도 꼼짝을 안 하면
서둘러 경운기를 끌고 외포리 포구로 달려가

소금끼 서린 안개꽃 다발을 한 묶음씩 실어오기도 한다
　진강산 안개는 더러는 복伏중에도 먹장구름 몰려올 때
　망둥어 비린내로 저녁상을 차리기도 하고
　석릉, 가릉에 오색단풍 들 때면 눅눅한 첫사랑의 안부를 물으며
　금잔디를 무릎에 펼쳐놓기도 한다
　진강산 안개는 언제나 오지만 언제나 온 길로 돌아가지 않는다
　산꼭대기로 올라가 구름이 되어 떠나기도 하고
　혈구산 허리까지 에돌아 몇 날 며칠을 머뭇대기도 한다

강화 아리랑

I
한강수야 한강수야
떠 밀지 마라 떠 밀지 마라
너를 위해
오늘 밤도
네 발치 끝 모로 누워
새우잠을 청하누나
한뎃잠을 청하누나

임진수야 임진수야
떠 밀지마라 떠 밀지 마라
오늘 밤도 너를 위해
네 발치 끝 모로 누워
새우잠을 청하누나
한뎃잠을 청하누나

깝치지 마라 깝치지 마라
서해 물결 깝치지 마라

성난 파도 밀어닥쳐도
이 몸은 꿈쩍을 않을 테니
이 몸은 여기가 나의 자리
하늘과 땅이 준 나의 자리

예부터 동방에 눈 밝은 이들이 있어
백두에 큰 우물을 파고
동서로 물길을 내어
동으로는 해가 뜨고 서녘으로는 해가 지네
동트면 날이 밝고 해가 지면 밤이 오네
밤 깊으면 길짐승 산짐승들 이 집 안을 넘볼 테니
틀어 막아라 틀어 막아라
서녘을 굳게 틀어 막아라

보아라 보아라 여기
말 잘 듣는 백성들 보아라
마니산 상상봉에 참성단을 먼저 짓고
하늘의 불씨를 받아 사방에 그 불씨를 나눠주고

큰 바위 눕히고 세워 바람 막고 눈비 가려
사천삼백쉰 몇 해 고이 고인 저 뚝심을 보아라
그래도 잠이 안 오네 베개를 더 높여 겠네
싸리울 밖에는 탱자울 겹으로 치고, 그래도 또 잠이 안 오면
울 밖에 석축을 올려 쉰 몇 개 돈대를 쌓았네
울울이 돈대를 쌓았네

밟아라 손톱 발톱 긴 짐승들
내 살점을 물어 뜯어라
나를 딛지 않고서는
이 나라 만고강산
한 발짝도 도성의 문지방을 넘지 못하리
척왜 척양 깃발을 날리고 먹구름 날리며
상투 잘리고 사지도 잘렸지
으깨지고 더럽힌 눈물
질기고 질긴 그 설움 아예 다 뺏긴 건 아니었지, 안으로 꼭꼭 숨겼었지

노른자 품듯 품었었지
기룬 님 벗님 다 어디 갔느뇨

아리랑 아리랑
어깨춤을 추어보자
나를 버리고 가시는 님은 십리도 못가서
발병 나네
아리랑 아리랑 고려몽을 꾸어보자
넘어가세 넘어가세 아리랑 고개를 넘어가세

II
임진수야 임진수야
너 어디서 오느냐 왜 이제서 오느냐
어와둥둥 내 사랑
만월대 둥기둥둥 초가지붕 밝히던 달아
벽란도 묵뫼 무릎
곱게 피던 할미꽃은
올해도 피었느냐 굽은 허리 괜찮더냐
녹쓴 비녀 물고 오는 기러기 떼 어디 가느냐

예성수야 예성수야
너 어디서 오느냐 너 어디로 가느냐
선죽교 능수버들
비단머리 참 고왔지
연백 벌판 황금 나락
메뚜기 떼도 배불렀지

고려성 말발굽 소리 용흥궁 장작 패는 소리
석모도 천 길 벼랑에 홀로 오른 마애관음
굽이치는 만경창파 삼랑성 북두칠성
정족산 가마솥에
관솔불을 지폈느냐

보아라 만리장천
갑비고차 들고 나는 날들
마니산 상상봉에 뿌리 엉킨 저 소나무
삽주 싹 잔대 싹은 해를 더해 푸르려니

아리랑 아리랑

어와둥둥 내 사랑아

어깨춤을 추어보세 어와둥둥 내 사랑아

이끼 낀 돈대마다 갈매기 떼 강강수월래

돌자 돌자 돈돌라리 돌자 돌자 돈돌라리

비나이다 비나이다 부근리 고인돌에

소지올려 비나이다

이 가슴 징이 되어

기진하여 우나이다

아리랑 아리랑

어깨춤을 추어보세 강도 사람 모두 나와 어깨춤을 추어보세

아리랑 아리랑 아라리요 강도 백성 아라리요

이 강산 해방 만세 이 나라 통일 만세

개 팔자八字

개 팔자는 주인 팔자
주인의 사주四住를 닮은 개가 고구마밭을 지킨다
주인이 고구마 넝쿨에 걸려 평생을 빠져나오지 못한 동안
개도 1미터 목줄을 걸고 고구마밭을 맴돈다
허수아비를 세우고, 나일론 그물을 쳐도
안개 낀 밤, 용케 고구마밭에 스며든 고라니는
목줄에 걸린 개라도 개라야 뒷걸음을 친다
비 피할 판잣집도, 물 새는 밥그릇도
목줄 끄는 수고를 덜어주기 위해
모두 1미터 안에 있다
목줄에 묶인 개가 시커먼 껌을 씹고 있다
벌써 몇 년째 물었다 놓아도 유통기한이 없는 개 껌
멀리 가로등 불빛이 눈부실지 몰라
반경 1미터 우주에 갇힌 개가
파리 떼 혜성처럼 궤도를 돌고 있는
빈 밥그릇을 지키고 있다
포릉포릉 날아온 멥새가 물고 온 안부가 고맙다는 듯
꼬리를 흔들고 있다

제4부
뱁새떼들 온다

청계靑鷄, 노을을 품다

늘 높은 데로 임하기를 좋아하는 청계는
알도 푸른 알을 낳는다. 본래 산에서 내려 온 것이 아니라
하늘에서 내려왔다는 듯
하얗거나 황톳빛이 아닌
하늘빛 알을 낳는다

지상에 와서도 무엇을 찾는 듯
그도 늘 다른 무리에 섞여 척박한 대지를 헤집지만,
물 한 모금 삼킬 때마다 고개를 젖혀
천상의 뜻을 되새기고

청계는, 수수꽃 같은 볏도 마다한 채
다시 뒷짐을 지고 아득한 횃대로 오른다
조심스레 허공을 품는 청계의 겨드랑이 속에는
수많은 행성이 떠돈다
둥글고 환한 그 은하수의 중심에는
마침내 부화할 태양이 있다

칼 가는 날

파, 두부만 써는 데도
칼날이 무뎌진다고
아내가 칼을 갈아 달라고 한다
회 뜨고, 뼈 발린 날 아닌데도
칼날이 자꾸 무뎌진다고
아내가 칼날을 좀 세워달라고 한다
칼 같은 아내의 성화에 못 이겨
세라믹 숫돌에 대고
칼날을 간다
꼴 베던 낫 갈던 그 실력 더듬어
숫돌 하나 사타구니에 끼고
구정물 꾹 꾹 찍어
파랗게 날 서도록 칼날을 간다
칼날이 서늘하게 설수록 몸통이 움푹 패는 세라믹 숫돌
아내의 잔소리가 날 설수록
파, 두부처럼 쏭덩쏭덩 잘려져 나가는

비개긴 주말
아내의 칼에 무지개가 뜬다
채 썰리듯 물 먹은 도마 위에서 춤추는 중년

딱새 부부가 사람의 집에 둥지를 튼 까닭은

딱새 부부가
사람의 집에
마른 이끼를 물고 와 둥지를 틀었다
철제 현관문 기둥 위
제 몸집만한 둥지를 틀고
밤낮을 굶으며 납작하게 움크린 딱새

딱새 부부가 사람의 집에 둥지를 튼 까닭은
눈 딱 감고
두 이레만 참으면 되기 때문이다
사람 냄새, 티브이 소리
귀 틀어막고, 창자 움켜쥐고
딱 두 이레만 참으면 노란 주둥이들
껍질을 깨고 나와 와락 품속에 안기기 때문이다

뱀의 갈라진 혓바닥도
때까치의 해코지도

오히려 방패가 되고, 보금자리가 되는
든든한 적과의 동침

살아 있는 것들에게 가장 소중한 것은
등 기댈 제 짝 찾고 새끼를 친다는 것
새끼를 치기 위해 집은 꼭 한 채가 필요하다는 것
이 모든 꿈들을 위해 정신 줄 바짝 조이고
딱 두이레 정도는 참아야 하는 것
눈 딱 감고 사람의 집에 둥지를 튼 딱새

탁란托卵

솔방울만한 오목눈이 둥지에
가던 길 멈춘 뻐꾸기 나그네가
주먹만한 알을 몰래 낳았다.
이상하지?
뭔가 미씸쩍어
부부싸움까지 하던 오목눈이 부부
노래도 잘하고 춤도 잘추는
견문 넓은 양반이
설마 남의 집 안방에
몹쓸 짓을 했겠느냐고
그냥 홑이불 끌어다 덮고
번갈아 알을 품는다
그런데 참 이상도 하지?
몸집이 두꺼비만한 괴력의 새끼
주둥이 제비꽃 같은 친자식들
다 밀어내고
함지박 같은 입 벌려도 벌린 그 입

이쁘다며 죽지가 뻐근하도록 조석으로 먹이를
물어 나른다
참 수상도 하지?
보름도 안 돼 다 자란 듯
덩치가 산만한 뻐꾸기 새끼
이젠 갈 때가 되었는지
둥지 밖을 나와
자꾸 먼 산을 바라보며 딴청을 한다
하마터면 기절하고 이혼까지 갈 뻔했던
오목눈이 부부
설마했던 도끼에 또 찍힌 발등
살다 보면 어느 해 농사는 쭉정이뿐이라도
명년 봄이 있으니까 또 살아 보자고
빈 둥지 바라보며
쌀알 같은 눈물 똑똑 흘리는 오목눈이 부부

반려견 집사

강아지 공장에서 태어나
생일도 모르지만
저를 구원해 주서서 고맙습니다. 눈 마주쳐 주신 이 기적
당신 곁에 살면서 소명을 다하겠습니다
암 모기 사탄에 물려
심장사상충 걸린 내 죄를 사하신다면,
평생을 당신 곁에 충복으로 머물겠습니다
밤늦은 당신 통화 엿듣지 않고, 당신의 신발 물어뜯지 않겠습니다
당신의 젖 안 빨았어도 당신을 엄마라 부르고,
당신의 남자가 아니라도 산책길마다 따라 나서겠습니다
당신이 정해 준 곳에서만 용변을 보고,
당신이 주는 간식만 먹고,
식분증은 절대 없을 것이고,
똑같은 사료, 평생을 주서도 일용할 양식이니

꿈에서라도 밥투정하지 않겠습니다
수컷들은 사고를 친다고 중성화 수술을 시켜주셔도
사타구니 몰래 핥지 않고,
울대가 크다고 성대를 제거해 주셔도
아주 낮은 목소리로 기도하겠습니다
헛짖음 아닌 통성기도도 올리겠습니다
손톱 발톱 자랄세라 꼬박꼬박 깎아주시고
향긋한 샴푸에 가오리 장난감까지
두툼한 겨울 옷, 목덜미에 박아주신 '견민등록증'
犬民登錄證까지
  당신 곁에만 있다면
  정말이지 꼬리에 모터를 달고 싶습니다
  사이비들처럼 화탕지옥 보낸다고 겁만 주지 않으신
다면
  당신 곁에만 있다면

뱁새 떼들 온다

이 강산 조무래기들 온다
산골짜기 내려와 밭둑 길
밭둑 길 돌아 도랑 길
도랑 길 넘어 노박덩쿨에
들렀다가
하나둘씩 온다 뱁새 떼들 온다
마침내 온다 떼 지어 온다
날 저물면 우듬지 빈 가랑이에 들어
새우잠을 자고
날 밝으면 부신 햇발 머금은 이슬 눈에
몽당부리 문지르고, 가자가자
잽싸게 가자
너도 가자 나도 가자
쉬지 않고 재잘거리며
조무래기들 온다
삼삼오오 온다 끝까지 온다
누가 우리를 뱁새라 했느냐

작은 목한 번 뽑아 소리친 적 없고
황새 떼들 따라가려 가랑이 한번 벌려본 적 없는데
누가 우리의 검은 눈을 작다고 하느냐
보폭은 좁아도 큰 산 오르막길
마다하지 않았고
먼 들판 등 돌린 강물 앞서간 적 없는데
누가 우리의 짧은 목덜미에 자꾸 가시발톱을 세우느냐
우리는 그냥 이 강산 좋을시고
여기서 새끼치고 대물리는 조무래기들일뿐
눈비와도 이 강산 좋을시고 손뼉을 치며
멍씨 박인 눈이라도
방천길 낭떠러지 허방 딛지 않고
작은 눈 치켜뜨고 또 치켜뜨며
가자가자 또 가자 다시가자 함께 가자
조막손들 깍지 끼는
뱁새 떼일 뿐

아내의 남편

처음엔 늑대의 후예인 줄 알았던 그가
한 십 년 식탁 위에 숟가락 나란히 놓더니
귀가 접히고, 사료만 축내는
알람 소리에 맞춰 우리에 들고 나가는
검은 눈의 영장류였다
어쩌다 침대에 오를 때도 헛발을 딛고
청량고추를 먹이면 독초를 삼킨 듯
발버둥을 치는
그는 송곳니조차 인플란트를 한
신종 설치류였다
매일같이 사냥을 나가지만
흰 나방 하나 물고 들어오지 못하는 그는
늦은 밤 아이들 방문 앞으로 다가갔다가
무엇에 놀란 듯 슬며시 뒷걸음을 친다
언제나 깊은 숲 속인냥 적막한 집안
그는 옹달샘을 찾는 듯
냉장고 문을 열고 두리번거린다

빙하가 녹아내리는 냉동고에 진공 포장된 항정살, 목살만
 지층을 이룬 듯, 계곡 어디에도 옹달샘은 없는 듯
 허기진 그가 자꾸 밤의 한 켠에서 부스럭거린다

풀 뜯는 개

개가 풀을 먹는다고요?
개 풀 뜯어먹는 소리 한다고요?
개가 풀을 먹습니다
그것도 며느리밑씻개라는 가시덩굴여뀌를
말동무나 될까 입양한 반려견 그레이트 피레니즈 '두산'이는
산책길을 나서면 꼭 수풀로 다가가
풀을 뜯는다
하필 갈고리가시가 줄기에 돋아
스치면 풀독이 채찍 자국처럼 퍼지는
이름도 가시 돋힌 며느리밑씻개 풀을
어찌하여 시어미들은 이 땅의 며느리들에게
뒤를 보고 정리할 것들이 칡잎, 깻잎, 급하면 콩잎까지
온 산천에 지천인데도
유독 이파리 줄기마다 사나운 가시가 돋아
긁히면 낚시 바늘 꿰듯 살갗이 뜯기는 이 여뀌 풀을

쥐어 줬는가
　어미들의 성화 갈수록 억세져도 묵묵히 들판에 앉아
　한 땀 한 땀구멍 난 여름을 깁고 있는
　손목 가는 며느리들
　가물어 버짐 먹고, 큰물에 휘둘려서 성한 데도 없는
대지
　그러나 한 겹도 남겨두지 않으리
　부지런한 며느리들 한 뼘 두 뼘 손 닿는 곳마다
　상처들 새살 돋고, 해와 달도 팽팽해진다
　개가 풀을 뜯어 먹는다
　유독 삼복염천 지나느라 온 몸의 가시 돋친 며느리
밑씻개 풀을
　속이 답답한지, 엽산이 부족한지
　집동무, 말동무 된 반려견이 풀을 뜯어 먹는다

호박 농부

심지도 않은 호박이
정화조 담장에서 솟아나와 잘도 자란다
지난해 추석 무렵 집으로 날아든
천연기념물 소쩍새 새끼의 보은일지 몰라
북도 주고 거름도 주며 호박뿌리를 부추긴다
호박넝쿨이 옆에 있는 매실나무 가지를 잡고
은근슬쩍 기어오른다
보자기로 감싸듯 달덩이만한 호박들을
치마폭에 숨겨놓고
감자알 같은 매실 열매도 은근슬쩍 건드려 본다
억수장마 퍼붓고 삼복염천 넘친 뒤
여름 해가 굴러내려 정화조에 빠질 때까지
서로 살 비벼주고 길 터주며
앞서거니 뒤서거니 두 볼 가득
사랑을 물고 우물거리며
허기진 땅 살찌우는
호박 농부

붐비는 저녁

누군가의 배설이
누군가에게는 만찬이 될 수도 있겠구나
뜨겁던 태양이 동네 어귀에 짐을 부릴 때쯤
집 앞에 내놓은 음식물 쓰레기봉투를
까마귀 떼들이 몰려와 갈기갈기 찢는다
살갗을 찢고, 속을 발리며
무엇을 먹었는지 보겠다는 듯이
분주히 주걱질, 국자질을 한다
갑자기 속이 메스꺼워진다
삼키지도 못하면서
국을 끓이고, 양념을 넣고
씹지도, 뱉지도 못하면서
입에 넣고 우물거리던 뼈다귀들
동네 개가 짖을 때마다 까마귀떼들이
일제히 물러섰다가 다시 몰려오며
까오까오, 바보 바보
누군가의 배설로 배를 채우겠다는 듯이
개 짖는 소리, 바람 소리 엉기며
칡꽃 향기 가득히 붐비는 저녁

홑알을 품는 닭

수탉 없는 암탉들이 알도 잘 낳는다
슈퍼마켓 냉장고에서 사 온 알들은
껍질 깨기가 무섭게 노른자가 풀어져
희미해지는 일상
보름달처럼 환한 노른자가 먹고 싶어
수탁 없이 키운 닭들이
알도 잘 낳는다

물과 사료만 먹여도
줄지어 번호를 뽑고
노란 알, 하얀 알, 파란 알 알도 잘 낳는다

수탉 없이 산란한 닭들이 알도 잘 품는다
유정란 아니라도 기적처럼 껍질을 깨겠다는 듯이
식음을 전폐하고 우주 속 노른자에
귀 기울이는 결연한 눈빛

계모鷄母 마리아여! 너는 마침내
홰를 치며 날아오를 것인가
동트는 하늘에서 무지개 사다리를 타고
보송보송한 어린 양들
밀고 잡아주며 지상으로 내려올 것인가

수탉 없이도 알을 낳고
수탉 없이도 알을 품는
무관無冠의 백성들

산천초목들도 숨죽여 기도하는
불랙 홀에 빠진 아침

밑

나는 밑이 좋다

위가 아닌

아래가 더 좋다

줄기가 잘려도

다시 새순이 돋는 밑동

이파리만 무성하게 하는 웃거름이 아니라

뿌리를 튼실하게 하는 밑거름

한 끼 먹는 카레가 아니라

두고두고 식탁에 올라오는 밑반찬

발목을 조이는 질긴 끈이 아니라

발바닥을 받쳐주는 밑창

지금이 아닌 다음

오늘이 아닌 어제

나는 밑이 좋다

밑으로

창을 내겠다

작은 평화

식탁에 앉은 파리를 잡기 위해
파리채를 휘두를까 하다가
손으로 탁 살수殺手를 쳤다
실패다
잽싸게 달아난 파리를 쫓아
연발의 스프레이로 융단 공격을 할까 하다가
그냥 밥그릇을 슬쩍 옮긴다
파리도 못 잡는 사람이라는
허공의 환청이 두려워
슬며시 밥숟갈을 놓기로 했다

자벌레

파랗고 긴 몸뚱이에
마디마디 옴폭하게 눈금을 그은 자벌레가
해바라기 키를 재고 있다
한 뼘 두 뼘 지나
담장 높이쯤 되어야
여름의 길목을 비추는 둥근 손거울을
해바라기 긴 목에 달 것이다.
요리 조리, 그 손거울의 고개를
해가 지는 서쪽으로 좀 돌려야
담장 밑에 쪼그리고 앉아
개밥 그릇에 노을을 퍼 담고 있는 한 남자도
보일 것이다

■ 작품 해설

추억과 기억, 그리고 지금 여기
― 장용철 시인의 시 감상

최 준

(시인)

　누군가의 이야기를 들을 때, 유달리 귀 기울이게 되는 건 그가 자신에 관한 이야기를 할 때이다. 거기에는 고백의 형식을 갖춘 자신의 경험적인 진실과 사실에 대한 모종의 믿음이 깔려 있기 때문이다. 비록 경험을 전제한 나름의 유추와 말하는 자신도 의도하지 않았던 다소의 과장이 섞여 있을지라도, 듣는 이 또한 인정과 긍정의 마음을 보태지 않을 수 없다. 사기꾼은 진실과 사실을 조작해서 진실성과 사실성으로 포장하는 데 아주 능란하다. 진실성과 사실성은 진실과 사실이 아닌 허구임이 분명하다. 사기꾼에게 종종 속는 이유가 사실과 진실이 아닌 사실성과 진실성에 있다는 걸 모두가

다 안다.

  한 지성인의 서사적인 이야기를 독자의 입장으로 이해해야만 하는 난감함이 여기에 있다. 그의 이야기를 먼저 엿들은 자의 입장으로, 장용철 시인의 시를 말하기에 앞서 말해두어야 할 게 있다. 나는 시인에 대해 일면식도 없다. 시인이 펴낸 이전의 시집을 읽어보지도 못했고, 어떠한 자리에서 만났던 적이 있었는지는 모르겠으나, 아무리 기억을 들추어 보아도 시인에 대한 인상이 없다. 이 전제는, 시인과 그가 쓴 시를 감상하는 독자로서의 객관적인 입장을 훼손할 위험성 또한 인정해야만 할 위치에 있음도 고백하지 않을 수 없다. 오독의 위험성을 감수하면서도 시인의 시에 대한 나름의 감상을 이야기하는 이유는 단 하나, 세간에서 참으로 듣기 힘든 사실과 진실이 느껴지기 때문이다. 다시 말하지만 사실성과 진실성이 아니다.

  장용철 시인의 시집 『강화(江華) 아리랑』은 사실을 디딤돌 삼아 추억, 혹은 기억으로 기둥을 세우고 현실을 지붕에 얹어놓은 한 채의 가옥과도 같다. 이 가옥은 벽돌과 시멘트로 문명의 덕을 입고 한 계절도 지나기 전에 뚝딱 지어놓은 현대식 가옥이 아니다. 조부모님과 부모님으로 대를 이어 살아온, 한 집안의 내력과 추억이 고스란히 새겨져 있는 그런 집이다. 그러니까 오래되고 누추할지라도 세월이 새겨놓은 다사다난한 삶이 있고, 가난과 애환에 얼룩진 신문지로 흙벽을 바른 그런 집이다.

  인류도 그러하지만 지상의 모든 생명들에게는 자신의 삶

에 대한 나름의 절실함이 있다. 이건 상대적인 것이 아니라 절대적인 것이어서 때론 무섭기도 하다. 이 절대적인 한 생명의 절실함은 상대의 이해를 요구하지 않는다. 이것은 상대를 무시하거나 부정하는 것이 아니라 도리어 인정하는 것이기도 하다. 장용철 시인은 그래야 하는 것에 대한 당연에 대해 말한다. 이것은 새삼스럽다고 해야 할 정도로 너무도 상식적인 것이어서 뒷말을 보태는 게 외려 부끄러울 정도이다. 이런 세태와 현실을 말해야 하는 부끄러움이 너무도 부끄러워서 감히 얼굴을 드러낼 수도 없다.

시인이 살아낸 삶의 계량이 선물해 준 것인지 모르겠지만, 가벼운 어조에 숨겨진 깊이는 마치 선사(禪師)의 잠언인 듯 시인의 시집에서 공통적으로 느껴지는 생에 대한 철학적 질문들이다. 자전거 얘기다.

> 페달을 밟지 않으면 넘어지는
> 인생은
> 자전거 타기다
>
> 짐을 덜어야 할 나이에도
> 바퀴가 뭉개지도록
> 또 다른 짐을 싣고
> 신발이 벗겨지도록
> 페달을 밟는다
>
> 가자

저 길모퉁이 해안선 돌아
붉던 해도 턱 괴고 쉬는
차안此岸까지는

—「자전거 타기」 전문

　자전거를 타보지 않은 이들이 있을까. 하지만 자전거로 "인생"을 말한 이들이 얼마나 될까. 구구한 덧말을 덧없게 만드는 위의 시는 나의 생이 무엇인가를 근본적으로 돌아보게 한다. 일단은 영속성이다. 살아 있으니 살아야만 하는 숙명이다. 태어남에서 죽음까지의 아주 먼 길이 자전거 바퀴에 실려 있다. 자신이 언젠가는 차안(此岸)에서 지워질 목숨이라는 것을 깨달을 때, 이미 바퀴는 멈출 수 없는 영속성의 길을 굴러간다.
　살아 있으니 살 수밖에 없는 게 삶이다. 삶에 대한 절실함과 깨달음은 어쩌면 비극적일지 모른다. 페달 밟기를 멈추는 순간, 삶은 이승에서 저승으로 송환된다. 전제되어 있지는 않지만, 시인은 현재의 삶을 아주 소중하게 여기고 있는 듯하다. 순간순간이 절체절명이다. 일회성인 삶은 그러므로 모든 생에게 절실하고 절대적일 수밖에 없다. "짐을 덜어야 할 나이에도" 아직 살아 있으니 "또 다른 짐을 싣고" 페달을 밟아야 하는 숙명으로 "차안(此岸)까지" 가야 한다는 생에 대한 절박함과 절실함은 오로지 시인만의 것일까.
　연륜은 그저 시간을 굴러 온 게 아니다. 이 와중에 깨닫게 된 삶의 깊이 또한 거저 얻어진 게 아니다. 시인의 깊이는 배

움이 가져다 준 게 아니라 삶이 준 소중한 선물이다. 당연한 듯도 하지만 여기에 '먼저'였던 삶들이 존재한다. 핏줄의식이라 해야 할까. 아니면 인연이라 해야 할까. 시인이 지니고 있는 아주 가까운 대상에 대한 애정이며 그리움이다. 여기엔 나로부터 촉발해 우리에게로 확장되는 아픈 긍정이 있다. 긍정이 중요하다. 안타깝지만 긍정보다 부정이 지배하는 세계에 나를 부려놓고 사는 게 우리의 현실이어서 더욱 그렇다.

    열여섯에 홍천강 건너서 강촌으로 시집 와 돌배나무 아래 새 조롱 같은 둥지를 틀고, 열여덟에 은진미륵 닮은 첫 딸을 낳은 무인년 경신생 밀양 박씨. 스무 살에 왼쪽 가슴 유방암 걸려 무너지고 젖꼭지 함몰된 채 맏아들을 낳고 이후 새알 같은 4형제를 쭉 생산해 올망졸망 길렀지. 봄이면 산에서는 잔대싹, 개울에서는 가재를 잡아 보약같이 먹이고, 마흔 아홉수를 못 넘기고 그새 유월장마 속으로 떠난 지아비. 꿈결처럼 물거품 속으로 사라진 뒤로도 여섯 자식 밥상 기울어지지 않도록 석면냄새, 담배 냄새, 비닐하우스 속 더운 바람, 철원평야 미세 먼지 많이도 마셨지. 고무장갑 수없이 뚫리고, 실장갑도 수십 장 나날이 올 풀렸지. 눈뜨면 새벽마다 옴마니반메훔 업장소멸 기도 징하게도 올렸지. 좁쌀미 삼백 석에 개 판 돈, 주운 돈까지 덤으로 드렸지만, 끝내 폐암 걸려 폐렴으로 쿨럭일 때, 먼저 간 당신 도솔천도 솥만한지 그만 오라하여, 폴더 폰 뚜껑 덮고 반야심경 병풍 뒤 숨었지. 을미년 무인월 기묘일 임진시, 졸(卒).

> 설거지를 끝낸 여자가
> 식탁 끝에 벗어놓은
> 분홍빛
> 고무장갑 한 켤레
>
> 그 중에 안으로 말려 빠지지 않은
> 손가락 하나
>
> 함몰된
> 그녀의 젖꼭지 같다
> ─「고무장갑─사모곡思母曲」 전문

　시 속의 '어머니'는 시인에게 마음의 보금자리와도 같다. 일일이 예시하지는 않았지만 시집의 적지 않은 시편들에서 등장하는 '어머니'는 나의 어머니인 동시에 우리의 어머니이다. 어머니의 일생을 쓴 위의 시는 구구한 덧말을 보탤 필요가 없다. 청상으로 여섯 자식을 홀로 키워내고 돌아가신, 신산한 일생을 산 '어머니'가 어찌 이 어머니 한 분뿐일까. 자식들을 위해 바친 노동의 힘겨운 삶을 그 자식들이 온전히 이해할 수 있을까. 시인은 어떤 교훈을 주려는 게 아니라 그저 담담히 한 '어머니'의 일생을 서술하고 있다. 어머니는 불경 한 소절 제대로 읽은 적도 없다. 함몰된 어머니의 가슴에 있는 것은 다만 절실함과 간절함이다. 여기에는 진실을 넘어선 진성성이 있어서 참 아프다. 아픔을 말하지 않지만 아프다. 이처럼 시인의 시들에서는 강요나 계도의 방식으로는 도저히 해결할 수 없는 아픔이 있다. 머리로 해석하는 시가 아니라 가슴으로 느껴야 하는 이유다. 어머니뿐만 아니다. 작은 생명들에 대한 시인의 마음자리 또한 긍정과 따스함으로 충만하다.

> 생의 크기는
> 몸집의 크기가 아니라
> 생각의 크기라고
> 망망대해도 좁다고
> 허리 꼬부렸다가 펴며
> 오체투지로 피안을 향해 나아가는
> 장엄한 수좌首座들의 행렬
> ―「새우」 전문

 이런 저런 지면에서 한 편의 시가 섣부른 잠언에 빠지는 위험성을 종종 발견한다. 무언가 교훈이나 가르침을 주어야만 한다는 강박이 만들어 낸 허사들이다. "새우"를 말하는 시인의 어조는 "망망대해"가 아니라 담수처럼 담담하고 담백하다. 이 또한 시인의 연륜이 배어든 것일까. 차안과 피안으로 담장을 쌓은 치열한 삶과 필연적인 죽음을 "새우"라는 작은 생명을 통해 생의 깨달음으로 독자를 이끈다. "생의 크기"가 "몸집"이 아닌 "생각의 크기라고" 말하는 시인은 생이 다함없는 수양의 과정이라는 것을 말한다. 시인의 다른 시편들을 감상하면 느낄 수 있다. 꽃과 개와 닭들의 생도 이

와 다르지 않음을 시인의 시들에서 발견하는 건 어렵지 않다. 계도가 아니라서 그 울림 또한 더 크다.

 전화로 나눈 짧은 통화에서 확인했지만 시인은 강화도에 산다. 강화도에서 삶을 마감하겠다는 시인의 말이 오래도록 지워지지 않았다. 내가 있는 자리가 곧 내 자리라는 시인의 시에서 그 말이 단순한 현재형이 아님을 확인했다. 자신의 처지를 긍정하고 자신의 육체를 의탁하고 있는 자리가 곧 자신이 있어야 할 자리임을 시인은 어떻게 알고 있는 것일까. 시인이 어떤 연유로 언제부터 강화도에서의 삶을 선택했는지 나는 모른다. 만남의 기회가 있으면 묻고도 싶지만 시집 속의 강화도 시편들을 보면 시인은 자신이 살고 있는 강화도를 사랑하려 하거나 사랑하려는 대상으로 삼은 듯하다.

   반도의 옆구리
   모로 누운
   댓돌

   으슥한 밤
   조선의 안방에 들려는 자
   댓돌 위 흰 고무신 한 켤레

   문지방 낮아도
   함부로 이 댓돌 올라서지 못하리
               —「강화도」 전문

알다시피 강화도는 역사의 불행을 온몸으로 새긴 섬이다. 도성인 한양을 버리고 도주한 선조의 피난지였던, 누구나 떠올릴 수 있을 임진왜란의 불행을 겪었고, 혼란한 개화기의 관문 또한 강화도였다. 지리적으로 한양에서 가까운 포구였기 때문인지 강화도는 특히, 근세사에서는 쓸개와도 같은 섬이었는데, 시인의 시가 말하는 강화도는 그 의미가 다르다. 시인의 강화도 사랑은 역사를 뛰어 넘는다. 자존심이다. 강화도를 두고 "반도의" "맷돌"이라고 말한 이가 있었던가. 여기에는 우리 민족의 정서적인 "맷돌"인 '아리랑'이 있다. 시인의 꿈은 '아리랑'의 부활이다. 길지만 전문을 인용해야 하는 이유가 여기에 있다.

    I
    한강수야 한강수야
    떠밀지 마라 떠밀지 마라
    너를 위해
    오늘 밤도
    네 발치 끝 모로 누워
    새우잠을 청하누나
    한뎃잠을 청하누나

    임진수야 임진수야
    떠 밀지마라 떠 밀지 마라
    오늘 밤도 너를 위해
    네 발치 끝 모로 누워

새우잠을 청하누나
한뎃잠을 청하누나

깝치지 마라 깝치지 마라
서해 물결 깝치지 마라
성난 파도 밀어 닥쳐도
이 몸은 꿈쩍을 않을 테니
이 몸은 여기가 나의 자리
하늘과 땅이 준 나의 자리

예부터 동방에 눈 밝은 이들이 있어
백두에 큰 우물을 파고
동서로 물길을 내어
동으로는 해가 뜨고 서녘으로는 해가 지네
동 트면 날이 밝고 해가지면 밤이 오네
밤 깊으면 길짐승 산짐승들 이 집 안을 넘볼테니
틀어 막어라 틀어 막아라
서녘을 굳게 틀어 막아라

보아라 보아라 여기
말 잘 듣는 백성들 보아라
마니산 상상봉에 참성단을 먼저 짓고
하늘의 불씨를 받아 사방에 그 불씨를 나눠주고
큰 바위 눕히고 세워 바람 막고 눈비 가려
사찬삼백쉰몇해 고이 고인 저 뚝심을 보아라
그래도 잠이 안 오네 베개를 더 높여 겠네

싸리울 밖에는 탱자울 겹으로 치고, 그래도 또 잠이 안 오면
울 밖에 석축을 올려 쉰 몇 개 돈대를 쌓았네
울울이 돈대를 쌓았네

밟아라 손톱 발톱 긴 짐승들
내 살점을 물어 뜯어라
나를 딛지 않고서는
이 나라 만고강산
한발짝도 도성의 문지방을 넘지 못하리
척왜 척양 깃발을 날리고 먹구름 날리며
상투 잘리고 사지도 잘렸지
으깨지고 더렵힌 눈물
질기고 질긴 그 설움 아예 다 뺏긴 건 아니었지, 안으로 꼭꼭 숨겼었지
노른자 품듯 품었었지
기룬님 벗님 다 어디 갔느뇨

아리랑 아리랑
어깨춤을 추어보자
나를 버리고 가시는 님은 십리도 못가서
발병 나네
아리랑 아리랑 고려몽을 꾸어보자
넘어가세 넘어가세 아리랑 고개를 넘어가세

II

임진수야 임진수야
너 어디서 오느냐 왜 이제서 오느냐
어와둥둥 내 사랑
만월대 둥기둥둥 초가지붕 밝히던 달아
벽란도 묵뫼 무릎
곱게 피던 할미꽃은
올해도 피었느냐 굽은 허리 괜찮더냐
녹쓴 비녀 물고 오는 기러기 떼 어디 가느냐

예성수야 예성수야
너 어디서 오느냐 너 어디로 가느냐
선죽교 능수버들
비단머리 참 고왔지
연백 벌판 황금 나락
메뚜기 떼도 배불렀지

고려성 말발굽소리 용흥궁 장작 패는 소리
석모도 천길벼랑에 홀로 오른 마애관음
굽이치는 만경창파 삼랑성 북두칠성
정족산 가마솥에
관솔불을 지폈느냐

보아라 만리장천
갑비고차 나들던 일월
마니산 상상봉에 뿌리 엉킨 저 소나무
삽주 싹 잔대 싹은 해를 더해 푸르러니

아리랑 아리랑
어와둥둥 내 사랑아
어깨춤을 추어보세 어와둥둥 내 사랑아
이끼 낀 돈대마다 갈매기 떼 강강수월래
돌자 돌자 돈돌라리 돌자 돌자 돈돌라리
비나이다 비나이다 부근리 고인돌에
소지올려 비나이다
이 가슴 징이 되어
기진하여 우나이다

아리랑 아리랑
어깨춤을 추어보세 강도사람 모두 나와 어깨춤을 춤을 추세
아리랑 아리랑 아라리요 강도 백성 아라리요
이 강산 해방 만세 이 나라 통일만세
—「강화 아리랑」전문

이 간절함을 다만 한 편의 시로 감상해야 할 것인가에 대해서 나는 할 말이 없다. 다만 다음의 시로 시집을 감상한 갈음이 된다면 시인에 대한 나름의 예의에 헐값하지 않을까 한다.

나는 밑이 좋다
위가 아닌
아래가 더 좋다
줄기가 잘려도

다시 새순이 돋는 밑동
이파리만 무성하게 하는 웃거름이 아니라
뿌리를 튼실하게 하는 밑거름
한 끼 먹는 카레가 아니라
두고두고 식탁에 올라오는 밑반찬
발목을 조이는 질긴 끈이 아니라
발바닥을 받쳐주는 밑창
지금이 아닌 다음
오늘이 아닌 어제
나는 밑이 좋다
밑으로
창을 내겠다

―「밑」 전문

  솟아오르고 싶고 튀고 싶은 세상과 세대에 대해 할 말은 그리 많지 않다. 시인의 마음이 그럴 것만 같다. 한 독자가, 시인의 시 모음집인 시집에 대해 말하기도 어렵지만, 감히 이를 말하는 독자 혹은 타자의 용기도 제법 가상하지는 않은가. 이러한 모든 위험성들을 견딜 용기를 감히 낸 것은 오직 하나, 장용철 시인의 시 때문이다.

  다시 생각한다. 시집 속 시인의 시들이 현실인가? 우리의 현재인가? 이 물음의 말미에 장용철 시인의 시들이 있다. 현재와 지난 시간의 반성 앞에서 시인의 시들은 자신의 삶에 대해 아무런 생각 없이 살아가는 삶에 대한 인식과 각성을 자기 반성적으로 말한다. 요구하지 않아서 더 뼈마디 시린 시인의 이야기들을 그저 흘려 넘겨서는 안 되겠다는 절실함이 더 절박해지는 이유다. 팍팍하고 매몰찬, 우리 삶의 지금, 여기에, 시인의 시들이 있다.

시인 장용철

강원도 춘천(강촌)에서 태어나 1978년 시문학 추천(1회), 사계문학 동인, 1985년 〈조선일보〉 신춘문예 당선(동시)으로 문단에 나왔다. 1995년 첫 방북 이후 수십 여 차례 남과 북을 오가며 사회복지사로 이타자리(利他自利)의 삶을 살며, 남과 북의 간극 좁히기에 분주하였다. 북한대학원대학교에서 북한학 석사, 동국대학교 대학원에서 북한학 박사, 안양대학교 산학부총장을 역임한 뒤, 경영행정대학원(사회복지학과), 아리교양학부의 교수로 재직하고 있다. 2015년 강화도로 이주, 동 대학 강화캠퍼스에서 통일사회정책연구소장, 강화군 남북교류전문위원, 윤이상평화재단 상임이사 등으로 활동하며 '강화살이'로 삶의 회향(廻向)을 준비 중이다.

지은 책으로는 1989년 첫 시집 『서울지옥』(도서출판 명상), 1996년 두 번째 시집 『늙은 산』(실천문학사)을 상재했으며, 2006년 명상에세이 『작대기』 등이 있고, 다수의 북한학 관련 논저가 있으며, 『강화 아리랑』은 세 번째 시집이다.

한국의 서정시 132
강화江華 아리랑

지은이 | 장용철
펴낸이 | 안제인리
펴낸곳 | 도서출판 시와시학
1판1쇄 | 2019년 10월 20일
등록번호 | 제300-2016호
주소 | 서울 종로구 혜화로 3가길 4(명륜1가)
전화 | 02-744-0110
FAX | 02-3672-2674
전자우편. sihak1991@hanmail.net
값 9,000원
ISBN 979-11-87451-69-3 03810

* 이 책의 판권은 지은이와 도서출판 시와 시학에 있습니다.
양측의 서면 동의 없는 무단 전재 및 복제를 금합니다.
* 이 도서의 국립중앙도서관 출관예정도서목록(CIP)은 서지정보유통지원시스템 홈페이지(https://seoji.nl.go.kr)와 국가자료공동목록시스템(http://www.nl.go.kr/kolisnet)에서 이용하실 수 있습니다. (CIP제어번호: CIP2019039501)